Eugène Lerminier

Politique d'Aristote

Essai

ISBN : 978-1976421174

10 9 8 7 6 5 4 3 2 1

Eugène Lerminier

Politique d'Aristote

Essai

Table de Matières

POLITIQUE D'ARISTOTE [1]

Que la politique soit dans son principe une application légitime et nécessaire de la philosophie de l'esprit humain, voilà une vérité qui reste obscure au début de toutes les civilisations. Les sociétés modernes qui recueillirent l'héritage des sociétés antiques et dont l'existence est un progrès dans la vie de l'humanité, se sont elles-mêmes agitées longtemps, sans s'apercevoir que leurs destinées devaient dépendre de leurs réflexions et de leur volonté. Sur ce point il importe de relever une coïncidence féconde. La renaissance de l'antiquité et les premières lueurs de la réflexion moderne sont contemporaines, de façon que la mémoire et les souvenirs du genre humain, loin de faire obstacle à son originalité, la provoquent et la fortifient. C'est quand l'homme moderne a retrouvé les traces et les titres de ceux qui vinrent avant lui, quand il a contemplé les images, œuvres et gestes de ceux qui agirent et pensèrent fortement, qu'il a senti en lui-même sa force doubler, et le testament des morts accroître sa propre vie. S'il fut nécessaire que l'antiquité parût un instant s'abîmer dans une complète ruine, afin que la religion et les races nouvelles pussent s'établir sans mélange et sans empêchement, cette œuvre faite, il fut nécessaire aussi que l'antiquité reparût dans la mémoire du genre humain, afin que la trame des destinées générales du monde, que Dieu seul connaissait encore, fût aussi connue et comprise par l'homme.

Puisque la réflexion philosophique a été longue à se produire dans les sociétés modernes, nous ne serons pas surpris de sa lenteur dans les sociétés antiques ; et, cette fois, la lenteur fut si grande, que la philosophie ne parut dans sa splendeur qu'après l'épuisement de l'histoire politique, et sur les ruines de la liberté : c'est qu'elle paraissait, non pour la Grèce elle-même, mais pour le monde ; ce n'était pas pour Athènes, mais pour nous que parlaient dans l'Académie Aristote et Platon.

Quand on voit autre chose dans l'histoire qu'une confusion arbitraire de faits et de hasards, et quand, après l'avoir étudiée, on croit à son économie et à sa logique, il faut tomber d'accord que toutes les fois qu'un grand mouvement est nécessaire à l'humanité, des hommes se rencontrent, se succèdent et se complètent dans une admirable variété d'aptitudes et de moyens. La Grèce dut donner la philosophie au monde après la prise d'Athènes par Lysandre, et la Judée, la religion après la bataille d'Actium. Le mouvement hébraïque, qui, plus tard, s'appellera chrétien, est servi par Jésus, Jean et Paul ; le mouvement philosophique a pour interprètes Socrate, Platon et Aristote. Si dans l'harmonieux contraste de ces personnages historiques on ne reconnaît pas quelque chose de rationnel, il faut renoncer à spéculer sur les choses humaines.

Lorsque Socrate parut, la Grèce était la proie de tous les maux que lui avait légués la guerre civile du Péloponèse. Un illustre témoin des combats que se livrèrent Athènes et Lacédémone a peint vivement les ravages qu'ils portèrent dans les mœurs et la sociabilité de la Grèce. Les séditions régnaient dans les états, écrit Thucydide [2], et les villes qui se livraient les dernières à l'esprit de faction s'abandonnèrent à de plus grands excès, jalouses de se distinguer par l'esprit d'invention. L'acception des mots fut changée. L'audace insensée fut appelée zèle courageux ; la lenteur prévoyante, lâcheté déguisée. L'homme violent était un homme sûr ; celui qui le contrariait un homme suspect… La cause de tous ces maux était la fureur de dominer, qu'inspirent l'ambition et la cupidité. Les passions échauffaient les esprits. Les chefs des deux factions qui partageaient les villes, les uns sous le prétexte spécieux de l'égalité politique du peuple, les autres sous celui d'une aristocratie modérée, affectaient de ne consulter que le bien de la patrie, mais, au fond, travaillaient à se supplanter mutuellement, et ne songeaient qu'à eux. Dans leur lutte, il n'était pas d'excès que ne se permît leur audace… Aucun des partis n'obéissait plus à la justice ; mais on louait ceux qui, par leur éloquence, obtenaient quelque résultat envié. Les citoyens modérés périssaient victimes des deux factions, soit parce qu'ils n'en partageaient pas les périls, soit par la jalousie qu'on leur portait d'y avoir échappé. La bonne foi, ce partage des âmes généreuses, fut un objet de risée, et disparut. On se rangeait en bataille les uns contre les autres avec une égale défiance. On ne pouvait croire, pour en venir à une réconciliation, ni à la parole la plus solennelle, ni aux plus terribles serments. Dominés par la pensée qu'on ne pouvait rien espérer de stable, les citoyens s'occupaient surtout à se mettre à l'abri du mal. Ordinairement, ceux qui avaient le moins de capacité l'emportaient sur les autres. En effet, craignant que, par leur propre infériorité et la finesse de leurs ennemis, ils ne fussent vaincus en éloquence et en habileté, ils marchaient audacieusement au but, tandis que ceux-ci, dédaignant de pressentir le danger, et se flattant de triompher, non par des voies de fait, mais par le talent, succombaient en plus grand nombre.

Voilà pour l'état politique. Quant aux esprits, ils étaient, à la fin de la guerre du Péloponèse, sans frein comme sans nourriture. Ce n'était plus le temps de la publication des poèmes d'Homère, des luttes contre le Perse, des émotions patriotiques, où la religion se confondait avec la défense de l'indépendance. Les fantaisies du polythéisme n'enflammaient plus les esprits pour la gloire, mais pour la volupté ; la liberté était flétrie, la religion stérile, corrompue et corruptrice. C'est alors que se mit à discourir dans Athènes le fils d'un sculpteur et d'une sage-femme, répétant souvent qu'il n'y avait de bon que la science et de mauvais que l'ignorance. Voilà, pour la première fois, la science descendant sur la place publique, dans les rues, venant heurter à la porte de chaque citoyen, poursuivant les hommes pour leur demander s'ils s'entendent eux-mêmes et s'ils savent quelque chose. L'homme qu'elle anime est simple, hardi, familier, subtil, spirituel, parfois cynique. Il s'attaquera aux plus illustres citoyens, et les réduira, à travers la confusion et le désespoir, à l'aveu qu'ils ne savent rien. On le bat, on lui arrache les cheveux, on le bafoue [3]. A la violence, il répond par le calme, à la moquerie, par une ironie supérieure ; il rassemble son manteau et poursuit son chemin. Dans Socrate, le bon sens s'élève à l'audace, à l'héroïsme, au sacrifice, et cela sans emphase, sans déclamation, au milieu d'une vie active et militante. Socrate combat à Amphipolis, à Delium charge sur ses épaules Xénophon renversé de cheval, mérite devant Potidéo le prix de la valeur, qu'il fait donner à Alcibiade ; puis il passe le reste de sa vie dans Athènes, au milieu du peuple, de la jeunesse. Il cause, il rit, il raille, il enseigne ; sa vie est un dialogue perpétuel qui divertit Athènes, la réforme et l'irrité. Un jour, enfin, le peuple se fâche, excité d'ailleurs par quelques bons citoyens, amis de l'ordre, et il impose l'obligation de mourir à Socrate, bouffon-martyr [4], que la ciguë devait faire si grand [5].

On ne saurait trop admirer, dans le fils du sculpteur, l'originalité du caractère et son exquise nationalité. Cet homme, dont l'esprit est si général et dont la mission embrasse le monde, à tous les traits de l'individualité hellénique, tous les signes et tous les goûts de la civilisation de son pays ; c'est le Grec, c'est l'Athénien ; il aime la poésie, la musique, la sculpture, la beauté, les longs entretiens ; plus il ressemble à ses concitoyens, mieux il est doué pour les contredire et les réformer ; génie novateur qui se déguisait un peu sous la draperie grecque.

Mais ne fallait-il pas que dans la patrie d'Homère la philosophie revêtît toute la grandeur épique de la poésie ? Le bon sens avait parlé ; la cause de la science s'était sacrée elle-même par un martyre volontaire. Un artiste était nécessaire qui mit en œuvre ces éléments immortels ; Platon naquit quand Périclès mourait ; la majesté littéraire se préparait ainsi à succéder à la majesté politique.

Platon plaça ses travaux et sa vie sous la consécration du nom de Socrate ; il comprit que, d'autant plus puissant qu'il était mort, Socrate devait être adopté comme le signe, le type, le dieu de la philosophie ; il mettra tout dans la bouche de l'ami d'Alcibiade, jusqu'aux doctrines qu'il pourra rapporter des sanctuaires de Saïs ; et s'il est Oriental, ce sera sous l'égide de Socrate l'Athénien, avec les formes d'Homère, et aussi avec le comique d'Aristophane.

Deux dialogues que Platon composa dans sa jeunesse nous montrent, dès le début du philosophe, tout son génie littéraire dans son étendue et ses contrastes : nous voulons parler du *Phèdre* et du *Protagoras*. Dans le premier, on trouve les grandes allures de l'ode et de l'épopée ; dans le second, vous avez le divertissement sérieux de la haute comédie ; comment le public d'Athènes n'aurait-il pas accueilli une sagesse si magnifiquement habillée ?

Il siérait peu de parler de Platon avec une brièveté trop leste ; marquons seulement sa place. Il a réveillé l'idéal dans les têtes humaines, après que Socrate eut réveillé le bon sens ; au milieu des variétés anarchiques du polythéisme, il a rappelé l'unité fondamentale du monde et de Dieu ; pendant qu'Alexandre se préparait à porter, au fond de l'Asie, l'esprit et les armes de l'Occident, il introduisait le génie de l'Orient dans Athènes, et, comme un autre Cécrops, il importait dans l'Attique les éléments *divins* de la science et de la société.

A Stagire, colonie grecque de la Thrace, naquit Aristote dans la première année de la quatre-vingt-dix-neuvième olympiade. Il eut pour père un médecin célèbre, nommé Nicomaque, qui fut assez avant dans la faveur d'Amynthas, roi de Macédoine, et qui avait écrit quelques ouvrages sur l'histoire naturelle et la médecine. Orphelin de fort bonne heure, Aristote dut son éducation à Proxène d'Atarnée qui lui fit étudier les sciences. Dès le début, la biographie du philosophe devient incertaine et contestée. Quelques-uns ont écrit qu'il eut une jeunesse orageuse, qu'ayant dissipé son patrimoine en de folles fantaisies, il prit le parti des armes, puis se livra au commerce, et se mit à vendre des médicaments. Mais, dit Athénée, qui, avec Élien, rapporte ces bruits, Épicure est le seul qui ait ainsi parlé d'Aristote, car ni Eubule, ni même Céphisodore, n'ont osé rien dire de pareil au sujet du Stagirite, quoiqu'ils aient publié des écrits contre lui [6]. Une autre tradition veut que dès l'âge de dix-sept ans, Aristote se soit rendu à Athènes, auprès de Platon, pour se livrer à l'étude de la philosophie. Il y resta vingt ans ; là, il étudia le système, les idées de son maître, et aussi la médecine. Ici les histoires recommencent sur son compte ; il était désagréable à Platon par la recherche de sa mise et la causticité de son esprit [7] ; quand son maître fut affaibli par l'âge, il l'embarrassa par des questions captieuses, et le contraignit à se priver de ses promenades dans les jardins de l'Académie. On ajoute que Xénocrate, à son retour d'un voyage, fit de vifs reproches à Aristote ; et rétablit Platon dans la jouissance de sa promenade ordinaire. Tout cela est sans intérêt comme sans vraisemblance ; mais comment empêcher les sottes imaginations de se glisser dans la biographie des hommes dont le nom ne doit pas mourir ? Quand Platon eut rendu le dernier soupir, Aristote, accompagné de Xénocrate, se rendit à Atarnée et à Assos, auprès d'Hermias, philosophe, tyran de ces deux villes, qu'il avait déjà connu à Athènes, lorsque Hermias écoutait Platon. Il vécut trois ans dans une grande intimité avec cet Hermias, et, après la fin tragique de celui-ci, il épousa sa sœur Pythias. Il se rendit à Mitylène. C'est là que vint le chercher le choix de Philippe, roi de Macédoine, pour élever son fils, qui avait alors trois ans. Aristote fit l'éducation d'Alexandre. Il ne le suivit pas en Asie et

Eugène Lerminier

jusqu'aux Indes il le laissa partir pour la conquête du monde et revint à Athènes, où il enseigna dans le Lycée. Ce fut là l'époque de la maturité de son génie ; pendant trente ans, il parla, il écrivit, il rédigea ses nombreux ouvrages ; il reçut de puissants secours d'Alexandre, qui mit à sa disposition plusieurs milliers d'hommes dans toute l'étendue de l'Asie, chargés de rassembler toute espèce d'animaux, afin, dit Pline, que rien de vivant n'échappât à la science du philosophe, *ne quid usquam genitum ignoraretur ab eo* [8]. Il ne conservera pas jusqu'au bout le bon vouloir d'Alexandre, qui, dans les derniers temps de sa vie, se plaignait à Cassandre, fils d'Antipater, des sophismes d'Aristote qui prouvent le pour et le contre [9], et c'est alors que les extravagances de la calomnie allèrent jusqu'à accuser le Stagirite d'avoir conseillé à Antipater l'empoisonnement d'Alexandre. Il est certain qu'il sortit d'Athènes. Pourquoi l'avez-vous quitté ? lui demanda-t-on. Je ne voulais pas, aurait répondu Aristote, que les Athéniens se rendissent deux fois coupables envers la philosophie [10]. Cependant il est douteur qu'il ait fui devant une accusation d'impiété pour ses doctrines ; il est faut qu'il se soit empoisonné, dans la crainte d'une condamnation ; il mourut naturellement à Chalcis, au milieu des disciples qui l'avaient suivi.

Voici dans l'ordre des idées un développement nouveau. La philosophie n'a plus pour interprète un Athénien, mais un homme de Thrace, qui n'aura dans son caractère ni dans ses écrits rien de national. Aristote pourra s'employer auprès de Philippe et d'Alexandre pour relever la ville qui lui a donné le jour ; mais, après l'avoir quittée à dix-sept ans, il n'y reviendra jamais, pas plus que Goëthe n'a remis le pied dans Francfort. Après le bon sens, après l'idéal, voici venir l'universalité, qui a pour organe un homme en dehors du Péloponèse et de l'Attique, comme, dans la littérature historique, Hérodote d'Halycarnasse, dont les *Muses* sont une sorte d'histoire générale, oppose son origine asiatique à Thucydide et à Xénophon, qui sont Athéniens.

Aristote, succédant à Socrate et à Platon, avait le devoir et il eut la force d'embrasser l'universalité des choses. Il constitua pour des siècles la science et la philosophie. A côté de la théorie des idées de Platon, il éleva une critique de l'entendement, dans laquelle il distingua la science et l'intelligence de l'opinion et du raisonnement ; voilà pour l'anatomie de la raison. L'homme social n'attira pas moins l'attention d'Aristote, et les cent cinquante-huit constitutions des différents états de la Grèce et de l'Italie qu'il avait recueillies témoignent de sa résolution de n'affirmer et de ne conclure qu'après avoir tout étudié ; voilà pour l'étude comparée des institutions politiques. Enfin, par ses travaux en zoologie, dont sa célèbre histoire des animaux ne forme qu'une partie, il s'est emparé de la nature, et a fondé la science de Cuvier et de Geoffroy Saint-Hilaire. Suivez Aristote partout, dans la critique de l'art, de la poésie, de l'éloquence, comme dans la critique de l'homme abstrait, de la société et de la nature, vous lui trouverez autant de justesse que d'étendue, et non moins de finesse que de profondeur. C'est un généralisateur admirable. A travers les faits qu'il a pénétrés de toutes parts, il s'élève à des formules vraies, à des résultats féconds ; de la réalité qu'il a sous les yeux et de ses propres appréciations il fait un tout indivisible ; dans Aristote, l'individu ne domine pas ; dans cet homme est le monde, mais le monde expliqué, le monde compris.

Aussi quelle fortifiante nourriture pour l'esprit que le péripatétisme ! Là vous étudiez à nu les raisonnements, les opinions ; vous suivez l'enchaînement des choses et des idées humaines, et vous vous trouvez à leur extrémité face à face avec cette haute formule qui est la dernière conclusion de la métaphysique d'Aristote : « Le premier principe ou Dieu est la pensée éternelle, pensée dont le caractère essentiel est d'être la pensée de la pensée. » Avec le Stagirite les voiles tombent, les illusions disparaissent ; les défaillances et les superstitions de l'esprit ne sont plus possibles ; et si vous avez un peu pénétré dans la familiarité du fondateur du Lycée, vous pouvez vous écrier avec un autre philosophe, mais dont la sagesse s'est cachée sous une tendre et harmonieuse poésie :

Felix qui potuit rerum cognoscere causas,
Atque metus omnes et inexorabile fatum
Subjecit pedibus, strepitumque Acherontis avari.

Depuis quelque temps on a recommencé, en France, à s'occuper d'Aristote, mais avec l'impartialité scientifique qui convient à notre époque. Jamais nom n'a été plus invoqué pour l'apothéose ou pour l'invective. Les Arabes, le moyen-âge, les attaques de Ramus

Eugène Lerminier

du Collège de France, la révolution accomplie par Descartes, les arrêts du parlement de Paris, les divertissantes facéties de Molière, voilà, ce nous semble, de la gloire. Aujourd'hui Aristote est encore l'objet de l'attention de l'esprit humain. En Allemagne, l'érudition et la philosophie systématique l'exploitent abondamment. En France, plusieurs travaux ont déjà paru ou vont paraître, qui nous donneront une image fidèle des doctrines péripatéticiennes. M. Cousin, qui, parmi nous, a relevé avec tant d'éclat l'histoire de la philosophie, a eu l'heureuse idée d'appliquer à l'étude d'Aristote les ressources et les moyens académiques dont il dispose. En 1833, il a fait mettre au concours, devant l'Académie des sciences morales et politiques, l'examen critique de la *Métaphysique* d'Aristote. Ce concours a produit deux ouvrages remarquables, l'un de M. Michelet, de Berlin, l'autre, qui a obtenu le premier prix, est le début heureux de M. Ravaisson, qui avait remporté le prix d'honneur de philosophie au concours général. Le Mémoire du jeune lauréat paraîtra dans quelques mois. En 1835, M. Cousin a fait ouvrir un second concours sur *l'Organum* d'Aristote, et la couronne a été décernée à M. Barthélemy Saint-Hilaire, qui fera paraître son livre vers la fin de l'automne. Avant d'arriver à la *Politique*, n'oublions pas de mentionner le rapport lumineux de M. Cousin, sur le concours de 1833, la traduction qu'il a faite du premier livre de la *Métaphysique*, et celle qu'il prépare du douzième.

Mais Aristote a enflammé parmi nous l'ambition d'un homme qui se propose d'élever au fondateur du péripatétisme le monument d'une traduction complète ; cet ambitieux est M. Barthélemy Saint-Hilaire, qui entame aujourd'hui son œuvre par la *Politique*, et que l'Institut, il y a quelques semaines, a couronné pour son Mémoire sur *l'Organum*. On ne saurait avoir trop d'estime et de sympathie pour cette volonté audacieuse et réfléchie qui s'engage dans une si longue et si difficile carrière, et il est bon de pouvoir opposer ce noble exemple à la frivolité prétentieuse qui n'a que de l'amour-propre sans courage.

Le début de M. Barthélemy Saint-Hilaire a cet intérêt de nous présenter un des plus beaux monuments de l'antiquité sous une physionomie nouvelle ; les huit livres dont se compose la *Politique* d'Aristote paraissent aujourd'hui dans un ordre différent ; l'ouvrage a un autre aspect. Pour nous qui avons souvent consulté ce grave et docte traité, et qui avons cherché, il y a six ans, à l'apprécier et à l'analyser dans la série des grands hommes dont la pensée a été utile à la sociabilité humaine [11], nous venons d'éprouver, en le relisant, un plaisir profond et nouveau. Sur les traces de Scaïno da Salo, qui travaillait à la fin du XVIe siècle, et encore sur celles de Conring d'Helmstadt, qui traitait la même question soixante ans après le père Scaïno, dont il ignorait les recherches, M. Barthélemy Saint-Hilaire, ajoutant aux travaux de ses devanciers ses propres efforts, s'est occupé de l'ordre des livres de la Politique avec une critique supérieure, et après une discussion convaincante, il a pu établir les points suivants.

1° L'ordre actuel de la *Politique* d'Aristote est illogique, et en le conservant, l'ouvrage semble incomplet et mutilé. 2° En déplaçant trois livres, l'ouvrage procède d'une manière tout-à-fait logique et devient parfaitement complet. Les déplacements sont indiqués et autorisés de la manière la plus formelle par des preuves nombreuses, et l'on peut dire irrécusables, tirées du contexte ; ils sont tous sanctionnés par la logique la plus sévère et l'autorité de l'auteur lui-même. 3° On sait de la manière la plus certaine que les ouvrages d'Aristote, peu connus, par un motif ou par un autre, jusqu'au temps de Pompée, furent de nouveau publiés à cette époque, et arrangés par des mains peu habiles. Divers autres ouvrages d'Aristote offrent des traces de désordre non moins évidentes que la *Politique*. 40 Tout porte à croire que la division en huit livres, existant déjà au temps de Diogène Laërce, à la fin du IIe siècle après Jésus-Christ, n'appartient pas à Aristote, mais qu'elle est d'Andronicus de Rhodes, son éditeur. 5° Enfin, l'ordre réel est celui-ci : Ier, IIe, IIIe, VIIe, VIIIe, IVe, VIe et Ve livres.

Nous félicitons M. Barthélemy Saint-Hilaire de n'avoir pas hésité à suivre cet ordre nouveau dans l'édition du texte et dans sa traduction. Désormais les déductions d'Aristote s'enchaîneront, pour le lecteur moderne, avec cette simplicité rapide qui est une des qualités du génie. Pour ceux qui sont déjà familiers avec la sagesse politique du péripatéticien, ils auront, pour ainsi parler, à lier connaissance avec un nouvel Aristote, plus méthodique et plus lumineux, d'autant plus que la version du nouveau traducteur se fait lire avec entraînement. Exact sans contrainte, fidèle sans lourdeur et sans fatigue, M. Barthélemy Saint-Hilaire

Eugène Lerminier

unit à la science du philologue l'habileté et le tact de l'écrivain. A le lire, on reconnaît un homme jeune dont l'érudition a fortifié l'intelligence et le patriotisme. Nous ne l'étonnerons pas en appelant son attention, quand il reverra son vaste travail, sur quelques tâches, sur quelques imperfections qui peuvent déparer çà et là sa scrupuleuse exactitude, et l'élégante propriété de son style. Pour ces corrections faciles, les indications et les conseils des hommes compétents ne lui feront pas défaut, pas plus que ne lui ont manqué leurs suffrages, récompense honorable et méritée de nobles et sérieux travaux.

La politique était un objet inévitable de spéculation pour l'esprit grec, si abondant en aperçus et en théories, en systèmes et en observations. Aussi parmi les penseurs, les uns construisaient une cité idéale et cherchaient à l'élever à la beauté morale ; les autres traçaient l'histoire critique des constitutions connues, et travaillaient à en tirer d'utiles leçons. Avant Platon et Aristote, beaucoup avaient écrit sur la politique. Le nouveau traducteur a, dans sa préface, rassemblé les noms principaux de cette littérature : ainsi Epiménide avait fait un ouvrage sur la constitution crétoise ; Protagoras (*) d'Abdère avait composé un livre intitulé : *De la République* ; Archytas de Tarente avait traité de la loi et de la justice ; Criton, l'ami de Socrate, avait rédigé deux traités, l'un sur la loi, l'autre intitulé *le Politique*. Nous pouvons citer encore les noms de Simon, le cordonnier, qui avait écrit sur la démagogie, d'Antisthène, de Speusippe, de Xénocrate de Chalcédoine. Au surplus, le meilleur témoignage de l'abondance de cette philosophie politique avant Aristote n'est-elle pas dans ces paroles du Stagirite même : « Parmi les hommes qui ont publié leur système pour la meilleure constitution, les uns n'ont jamais manié les affaires publiques et n'ont été que de simples citoyens ; nous avons cité tout ce qui dans leurs ouvrages méritait quelque attention ; d'autres ont été législateurs, soit de leur propre pays, soit de peuples étrangers, et ont personnellement gouverné : parmi ceux-ci, les uns n'ont fait que des lois, les autres ont fondé aussi des gouvernements [12]. »

Pour les Grecs, l'esprit était donc le meilleur architecte des sociétés, et le génie philosophique leur paraissait naturellement appelé à l'administration des états. Avec quel soin, dans les

16

derniers jours de l'antiquité, Elien ne rassemble-t-il pas les noms des philosophes qui eurent une vie politique ! Entre les premiers, dit-il [13], sont Zaleucus et Charondas, qui réformèrent, l'un, le gouvernement des Locriens, l'autre, d'abord celui des Catanéens, puis, quand il eut été banni de Catane, celui des habitants de Rhegium ; Archytas servit utilement les Tarentins ; les Athéniens durent tout à Solon ; Bias et Thalès rendirent de grands services à l'Ionie, Chilon à Lacédémone, Pittacus à Mitylène, Cléobule à Rhodes ; Anaximandre fut chargé de conduire la colonie que les Milésiens envoyèrent à Apollonie ; Platon fit rentrer Dion en Sicile ; Socrate refusa courageusement de s'associer aux crimes des trente tyrans. Niera-t-on que Périclès, fils de Xantippe, Épaminondas, Phocion, Aristide, Éphialte, fussent de vrais philosophes ? Que dirons-nous de Carnéade et de Critolaüs, qui vinrent longtemps après ? Leur ambassade à Rome, où ils avaient été envoyés par les Athéniens, sauva la république ; ils surent si bien disposer le sénat en leur faveur, que les sénateurs disaient : « Les Athéniens nous ont envoyé des ambassadeurs, non pour nous porter à faire ce qu'ils désirent, mais pour nous y forcer. » C'est ainsi qu'Élien, qui vivait au temps d'Héliogabale et d'Alexandre Sévère, c'est-à-dire après l'éclipse totale du génie philosophique et politique du polythéisme, se consolait à Rome, dont il sortit peu, en rassemblant dans ses écrits les glorieux souvenirs de l'intelligence grecque.

Aristote s'est proposé dans sa *Politique* d'appliquer les vues de l'esprit au bonheur des sociétés. Observant les faits sociaux avec la même sagacité que les phénomènes de la nature, il estime que la politique ne fait pas les hommes, mais les prend tels que la nature les lui donne [14] ; non que, dans son goût pour la réalité, il se refuse aux innovations nécessaires. « L'innovation, dit-il [15], a profité à toutes les sciences, à la médecine, qui a secoué ses vieilles pratiques, à la gymnastique, et généralement à tous les arts où s'excercent les facultés humaines, et comme la politique aussi doit prendre rang parmi les sciences, il est clair que le même principe lui est applicable… L'humanité doit, en général, chercher, non ce qui est antique, mais ce qui est bon… La raison nous dit que les lois écrites ne doivent pas être immuablement conservées. Mais, d'un autre côté, il faut de la prudence dans les réformes. » Observation, réalité, progrès, sagesse, voilà tout Aristote.

Eugène Lerminier

Après avoir établi sans hésiter que le lien de toute association est l'intérêt, notre philosophe cherche les éléments de l'état, qui se compose de l'association de plusieurs villages, comme le village se compose de l'association de plusieurs familles ; ainsi l'état vient de la nature, aussi bien que les premières associations dont il est la fin dernière ; ainsi l'homme est naturellement sociable, et celui qui reste sauvage par organisation, et non par effet du hasard, est certainement ou dégradé ou supérieur à l'espèce humaine. L'état est naturellement au-dessus de la famille et de chaque individu.

Ici, Aristote formule la théorie de l'esclavage naturel, si connue et si souvent critiquée. Puis, il passe à la théorie de la propriété, où les droits de l'individualité sont maintenus contre les opinions platoniciennes. Après la propriété, il oppose les différents modes d'acquisition, réprouve l'usure, qu'il définit de l'argent issu d'argent, et la moins naturelle de toutes les acquisitions. La vie civile et domestique mène l'écrivain à la vie politique.

Il faut remarquer la méthode historique d'Aristote : avant d'exposer les idées qui lui appartiennent, il se met à critiquer tant les travaux de ses devanciers que les constitutions connues. D'une part, le système de Platon, celui de Phaleas sur l'égalité des biens, la république idéale d'Hippodamus, de Milet ; de l'autre, les constitutions de Lacédémone, de Crète, de Carthage, d'Athènes, les lois de Zaleucus, de Charondas, d'Onomacrite, de Philolaüs, de Dracon, de Pittacus, d'Andromas de Rhegium, sont l'objet d'appréciations excellentes qui nous livrent à la fois la connaissance de l'antiquité et les jugements d'un esprit supérieur. Ce second livre forme une histoire de la sociabilité grecque, tant pour les institutions qui furent en vigueur que pour les idées qui occupèrent la tête des sages et des publicistes de la Grèce.

Le trait distinctif du vrai citoyen, c'est la jouissance des fonctions de juge et de magistrat ; ce qui revient à cette pensée, que la liberté c'est la puissance. On ne doit pas, dit Aristote, élever au rang de citoyen tous les individus dont l'état a nécessairement besoin. Cependant, les constitutions étant diverses, les espèces de citoyen le seront nécessairement autant qu'elles. Il y a donc plusieurs organisations politiques : quels en sont le nombre, la nature, les différences ? Le principe qui domine toutes les variétés d'organisation politique est que les constitutions qui ont en vue l'intérêt général sont pures et essentiellement justes, et que toutes celles qui n'ont en vue que l'intérêt personnel des gouvernants, vidées dans leurs bases, ne sont que la corruption des bonnes constitutions. Après avoir établi ce principe, Aristote reconnaît trois espèces principales de gouvernement, la royauté, l'aristocratie, la république ; mais ces trois espèces en enfantent trois autres ; la royauté produit la tyrannie, l'aristocratie l'oligarchie, la république la démagogie. Maintenant, à qui doit appartenir la souveraineté dans l'état ? Ce ne peut être qu'à la multitude, ou aux riches, ou aux gens de bien, ou à un seul individu supérieur par ses talents, ou à un tyran. Aristote signale partout des écueils ; il est aussi juste envers la multitude qu'envers l'élite des hommes distingués : il conclut que la souveraineté doit appartenir aux lois fondées sur la raison ; puis il pose ce fait fondamental, qui a été reproduit par Montesquieu, que les lois se rapportent toujours à la nature de l'état. Et il faut préférer la souveraineté de la loi à celle de l'individu ; et, d'après ce principe, si le pouvoir est remis à plusieurs citoyens, ils ne doivent être que les gardiens et les serviteurs de la loi. Des trois constitutions qui ont été reconnues bonnes, la meilleure doit être nécessairement celle qui a les meilleurs chefs. Tel est l'état où le pouvoir n'appartient qu'à la vertu, qu'on le confie d'ailleurs, soit à un seul individu, soit à une race entière, soit à la multitude, et où les uns savent obéir aussi bien que les autres savent commander, dans l'intérêt du but le plus noble.

Quel serait donc le gouvernement parfait ? Il faut préciser d'abord le but suprême de la vie humaine. Ce but est le bonheur ; et l'état le plus parfait est celui où chaque homme peut, grâce aux lois, s'assurer le bonheur par la vertu : ainsi le but suprême de la vie est nécessairement le même pour l'homme pris individuellement que pour les hommes et l'état en général. Le bonheur, qui, pour les individus comme pour l'état, est toujours en proportion de la vertu et de l'intelligence, consiste dans l'activité. Pour agir, l'état doit être constitué harmonieusement. La juste proportion pour le corps politique, c'est évidemment la plus grande quantité possible de citoyens capables de satisfaire aux besoins de leur existence, mais pas assez nombreux pour se soustraire à une facile surveillance. Le meilleur territoire sera celui qui assure le plus d'indépendance à l'état, et qui fournira, le plus possible, tous les genres de productions. La position de la cité doit être également bonne et par terre et par mer. La mer permet d'importer ce que le pays ne produit pas, et d'exporter les denrées dont il abonde. L'état doit avoir une force navale proportionnée au développement même de la cité.

Voilà les limites numériques du corps social ; quelles sont les qualités naturelles requises dans ses membres ? Les peuples qui habitent les climats froids, dit Aristote, les peuples d'Europe sont, en général, pleins de courage ; mais ils sont certainement inférieurs en intelligence et en industrie ; et s'ils conservent leur liberté, ils sont politiquement indisciplinables, et n'ont jamais pu conquérir leurs voisins. En Asie, au contraire, les peuples ont plus d'intelligence, d'aptitude pour les arts ; mais ils manquent de cœur, et ils restent sous le joug d'un esclavage perpétuel. La race grecque qui, topographiquement, est intermédiaire, réunit toutes les qualités des deux autres : elle possède à la fois l'intelligence et le courage ; elle sait en même temps garder son indépendance et former de bons gouvernements ; *capable, si elle était réunie en un seul état, de conquérir l'univers.*

On ne pouvait mieux apprécier la Grèce, son génie, et les divisions qui faisaient sa faiblesse. Il est remarquable au surplus que le précepteur d'Alexandre a une forte aversion pour la guerre. Il se plaint que les gouvernements les plus vantés de la Grèce, comme les législateurs qui les ont fondés, ne paraissent point avoir rapporté leurs institutions à une fin supérieure, ni dirigé leurs lois et l'éducation publique vers l'ensemble des vertus ; ils n'ont songé qu'à celles qui semblent devoir assouvir l'égoïsme de l'ambition. Aristote critique la constitution de Lacédémone que le fondateur a tournée tout entière vers la conquête et la guerre. Quelle meilleure preuve que le philosophe, dans la sincérité incorruptible de ses pensées, n'a jamais songé à flatter le fils de Philippe et de Jupiter ? Et cependant les conquêtes d'Alexandre n'étaient pas moins raisonnables que glorieuses.

Trois choses peuvent rendre l'homme vertueux et bon : la nature, les mœurs et la raison ; il faut que ces trois choses s'harmonisent entre elles, et souvent la raison combat la nature et les mœurs, quand elle croit meilleur de secouer leurs lois. Voilà comment Aristote se prépare à traiter de l'éducation ; mais avant il parle du mariage, dont il détermine l'époque à dix-huit ans pour les femmes, à trente-sept ou un peu moins pour les hommes. Il entre dans des détails curieux pour l'histoire des mœurs, sur la grossesse des femmes, l'abandon des enfants contrefaits, qui était un principe généralement reçu dans la Grèce, l'alimentation des enfants et leurs premières années.

L'éducation doit être un des objets principaux du soin du législateur. Comme l'état tout entier n'a qu'un seul et même but, l'éducation doit être nécessairement identique pour tous ses membres, d'où il suit qu'elle doit être un objet de surveillance publique et non particulière, bien que ce dernier système ait généralement prévalu, *et qu'aujourd'hui chacun instruise ses enfants chez soi par les méthodes et sur les objets qu'il lui plaît.* Nous trouvons ici l'opinion théorique d'Aristote et la preuve de la décadence du patriotisme grec. Au temps du Stagirite, les cités de la Grèce avaient perdu leur unité morale ; l'éducation était abandonnée aux fantaisies individuelles, et cependant, dit Aristote, les enfants appartiennent à l'état, puisqu'ils en sont tous des éléments ; donc la loi doit régler l'éducation, et l'éducation doit être publique.

Dans ce cinquième livre, qui est fort court, où il traite de l'éducation, Aristote parle avec une justesse exquise de la musique qu'il appelle une imitation des sensations morales. Nous recommandons ce livre à ceux qui s'occupent de l'histoire de la musique et de la poésie ; ils y verront les trois espèces de chants que connaissaient les Grecs, les motifs qui leur faisaient proscrire la flûte, et les louanges décernées à l'harmonie dorienne.

Après cette digression sur l'éducation, notre philosophe revient à sa thèse de la meilleure constitution ; mais, dit-il, il ne suffit pas d'imaginer un gouvernement parfait, il faut surtout un gouvernement praticable, d'une application facile et commune à tous les états. L'homme d'état doit être capable d'améliorer l'organisation d'un gouvernement déjà constitué, et cette tâche lui serait complètement impossible s'il ne connaissait pas toutes les formes diverses de gouvernement. Aristote reprend ici son étude des constitutions, et s'engage plus que jamais dans l'exploration des faits politiques. Sa haute raison semble s'élever encore, et acquérir en même temps plus d'ampleur et de solidité. Le milieu et la fin de sa *Politique* sont marqués par trois théories, l'une sur les classes moyennes, l'autre sur les trois pouvoirs, la troisième sur les révolutions, théories qui tiennent le premier rang parmi les plus beaux résultats de la raison humaine. L'expérience des temps modernes peut encore aujourd'hui y puiser de salutaires leçons.

Théorie des classes moyennes

La constitution n'est pas autre chose que la répartition du pouvoir qui se divise entre tous les associés, soit en raison de leur importance particulière, soit d'après un principe d'égalité commune, c'est-à-dire qu'on peut faire une part aux riches et une autre aux pauvres, ou leur donner des droits communs. Ainsi les constitutions seront nécessairement aussi nombreuses que les combinaisons de supériorité et de différence entre les parties de l'état.

C'est une erreur de faire reposer exclusivement la démocratie sur la souveraineté de la majorité, car dans les oligarchies aussi, et l'on peut même dire partout, la majorité est toujours souveraine. Il est bien plus exact de dire qu'il y a démocratie là où la souveraineté est attribuée ; à tous les hommes libres, oligarchie là où elle appartient exclusivement aux riches.

Il y a plusieurs espèces de démocraties et d'oligarchies. La première espèce de démocratie est caractérisée par l'égalité, et cette égalité, fondée par la loi, signifie que les pauvres n'auront pas des droits plus étendus que les riches, que ni les uns ni les autres ne seront souverains exclusivement, mais qu'ils le seront dans une proportion pareille. Après cette première espèce de démocratie en vient une autre, où les fonctions publiques sont à la condition d'un cens ordinairement fort modique. Dans une troisième espèce, tous les citoyens arrivent aux magistratures, mais la loi règne souverainement. Dans une autre, il suffit, pour être magistrat, d'être citoyen à un titre quelconque, la souveraineté restant encore à la loi. Une cinquième espèce admet d'ailleurs les mêmes conditions ; mais on transporte la souveraineté à la multitude, dont les décrets sont souverains à la place de la loi.

Alors le peuple prétend agir en monarque ; il rejette le joug de la loi, se fait despote et accueille bientôt les flatteurs : cette démocratie est, dans son genre, ce que la tyrannie est à la royauté. De part et d'autre, mêmes vices, même oppression des bons citoyens ; ici les décrets, là les ordres arbitraires. Le démagogue et le flatteur ont une ressemblance frappante. Tous deux ils ont un crédit sans bornes, l'un sur le tyran, l'autre sur le peuple ainsi corrompu. Dans la démagogie, il n'y a plus de constitution, car il n'y a de constitution qu'avec la souveraineté des lois.

Le caractère distinctif de la première espèce d'oligarchie, c'est la fixation d'un cens assez élevé pour que les pauvres, bien qu'en majorité, ne puissent atteindre au pouvoir, ouvert à ceux-là seuls qui possèdent le revenu fixé par la loi. Dans une seconde espèce, le cens exigé est considérable, et le corps des magistrats a le droit de se recruter lui-même. Une troisième espèce d'oligarchie se fonde sur l'hérédité des emplois. Une quatrième joint au principe de l'hérédité celui de la souveraineté des magistrats, substituée au règne de la loi.

À côté de la démocratie et de l'oligarchie, Aristote rappelle qu'il y a aussi l'aristocratie avec ses différentes espèces, la république vulgaire, enfin la tyrannie ; puis il pénètre plus avant encore dans la nature des choses.

Le caractère spécial de la démocratie, c'est la liberté ; celui de l'oligarchie est la richesse ; celui de l'aristocratie, la vertu : toutes trois admettent d'ailleurs la suprématie de la majorité, puisque dans l'une comme dans l'autre la volonté du plus grand nombre des membres du corps politique a toujours force de loi.

Trois éléments dans l'état se disputent l'égalité : ce sont la liberté, la richesse et le mérite ; je ne parle pas d'un quatrième, qu'on appelle la noblesse, car il n'est qu'une conséquence des deux autres. La noblesse n'est qu'une ancienneté de richesse et de talent.

Tout état renferme trois classes de citoyens : les riches, les pauvres et les citoyens aisés, dont la position tient le milieu entre ces deux extrêmes. Si donc l'on admet que la modération et le milieu en toutes choses sont préférables, il s'ensuit évidemment qu'en fait de fortune la moyenne propriété sera la plus convenable de toutes. Elle sait, en effet, se plier aux ordres de la raison, qu'on écoute si difficilement quand on jouit de quelque avantage supérieur en beauté, en force, en puissance, en richesse, ou quand on souffre de quelque infirmité excessive de pauvreté, de faiblesse et d'obscurité.

L'association politique est donc surtout assurée par les citoyens de fortune moyenne. Partout où la fortune extrême est à côté de l'extrême indigence, ces deux excès amènent ou la démagogie absolue, ou l'oligarchie pure, ou la tyrannie.

La moyenne propriété ne s'insurge jamais. Là où les fortunes aisées sont nombreuses, il y a bien moins de mouvements et de dissensions révolutionnaires. C'est la moyenne propriété qui rend les démocraties plus tranquilles et plus durables que les oligarchies, où elle est moins répandue et a moins d'importance politique. Quand le nombre des pauvres vient à s'accroître, sans que celui des fortunes moyennes s'accroisse proportionnellement, l'état est sur son déclin, et arrive rapidement à sa ruine.

Les bons législateurs sont sortis de la classe moyenne, Selon, Lycurgue, Charondas, et plusieurs autres.

Le législateur ne doit jamais avoir en vue que la moyenne propriété. S'il fait des lois oligarchiques, c'est à elle qu'il doit penser ; s'il fait des lois démocratiques, c'est encore d'elle qu'il doit s'occuper. La constitution n'est solide que là où la classe moyenne l'emporte en nombre sur les deux classes extrêmes, ou du moins sur chacune d'elles.

Aristote termine sa théorie des classes moyennes par l'invitation adressée aux législateurs de ne pas accorder trop aux riches et de ne pas vouloir tromper les classes inférieures. Il énumère les artifices spécieux dont on prétend leurrer le peuple en politique, et qui s'appliquent à cinq objets : l'assemblée générale, les magistratures, les tribunaux, la possession des armes, et les exercices du gymnase.

Théorie des trois pouvoirs

Dans tout gouvernement, il est trois objets dont le législateur, s'il est sage, s'occupera par-dessus tous les autres. Ces trois points une fois bien réglés, le gouvernement est nécessairement bien organisé, et les États ne diffèrent réellement que par l'organisation différente de ces trois éléments. Le premier, c'est l'assemblée générale délibérant sur les affaires publiques ; le second, c'est le corps des magistrats, dont il faut régler la nature, les attributions et le mode de nomination ; le troisième, c'est le corps judiciaire. Ainsi voilà la théorie des trois pouvoirs, législatif, exécutif et judiciaire, que Montesquieu, dans le dernier siècle, inscrivait au commencement de son célèbre chapitre sur la constitution anglaise [16], et dont il oubliait de renvoyer l'honneur au rival de Platon, formulée avec une précision immortelle en face des excès et des contresens que présentaient au philosophe les constitutions de la Grèce. Nous ne suivrons pas Aristote dans les différentes combinaisons de l'assemblée générale, dans la répartition des magistratures, dans l'énumération de différentes espèces de tribunaux : nous nous contenterons de signaler aux publicistes cette fin du sixième livre, comme un fragment d'art politique qu'on ne saurait étudier avec trop de soin.

Le septième livre est destiné à épuiser l'organisation spéciale du pouvoir, dans la démocratie et dans l'oligarchie, ainsi qu'à l'énumération des différentes magistratures politiques. On y voit comment, dans la démocratie, chacun doit commander et obéir à son tour, comment toute fonction doit être rétribuée. La démagogie est vivement censurée. Ceux qui ont le pouvoir dans les oligarchies sont invités à dépenser leur fortune dans l'intérêt public ; mais, dit Aristote, les chefs des oligarchies font aujourd'hui tout le contraire, ils cherchent le profit plus que l'honneur, et l'on peut dire avec vérité que ces oligarchies ne sont que des démocraties réduites à quelques gouvernants.

Théorie des révolutions

Pendant qu'Alexandre en Asie donnait aux affaires et aux rapports du monde une tournure nouvelle, Aristote, dans Athènes, méditait sur le passé de la Grèce. Les révolutions multipliées, les changements infinis qui depuis les temps héroïques avaient agité les cités grecques, venaient enfin se réfléchir dans la vaste pensée d'un philosophe pour s'y faire juger. L'esprit humain, pour la première fois, esquissait la théorie des révolutions et trouvait la force d'arracher à des faits irréguliers et turbulents des leçons théoriques qu'il léguait à l'avenir. Les révolutions apparaissent à la fin du traité d'Aristote, comme un dénouement tragique, et la méthode s'élève ici à la poésie. Pour achever ce chef-d'œuvre de philosophie politique, l'histoire vient apporter ce qu'elle a de

Eugène Lerminier

plus pathétique en évènements, en péripéties, et la raison redouble d'énergie pour dominer le spectacle qu'elle se donne à elle-même et aux autres.

Il est une cause première à laquelle il faut rapporter toutes les révolutions : les systèmes politiques, quelque divers qu'ils soient, reconnaissent des droits et une égalité analogues à leur principe, mais tous s'en écartent dans l'application. La démagogie est née presque toujours de ce qu'on a prétendu rendre absolue et générale une égalité qui n'était réelle qu'à certains égards ; l'oligarchie, de ce qu'on a prétendu rendre absolue et générale une inégalité qui n'était réelle que sur quelques points. Les uns, forts de cette égalité, ont voulu que le pouvoir politique, dans toutes ses attributions, fût également réparti ; les autres, appuyés sur cette inégalité, n'ont pensé qu'à accroître leurs privilèges, et les augmenter, c'était augmenter l'inégalité. Tous les systèmes, bien que justes au fond, sont donc tous radicalement faux dans la pratique.

Les révolutions procèdent de deux manières : tantôt elles s'attaquent au principe même du gouvernement, tantôt aux personnes. Parfois aussi la révolution ne s'adresse qu'à une partie de la constitution, et n'a pour but que de fonder ou de renverser une certaine magistrature. Ainsi Lysandre voulait détruire la royauté à Sparte, et Pausanias l'éphorie.

Pour éviter les révolutions, il faut combiner ensemble l'égalité suivant le nombre, et l'égalité suivant le mérite. La démocratie est plus stable et moins sujette aux bouleversements que l'oligarchie. Le peuple s'insurge peu contre lui-même, ou du moins les mouvements de ce genre sont sans importance. La république où domine la classe moyenne, et qui se rapproche de la démocratie plus que de l'oligarchie, est aussi le plus stable de tous les gouvernements.

Les causes de révolutions sont le désir du bien-être, l'ambition, l'insulte et le mépris, prodigués soit aux individus, soit à des classes de citoyens, la diversité d'origine entre les membres de la cité, la supériorité d'un homme (de là l'ostracisme,) l'accroissement disproportionné de quelques classes de la république.

Les querelles particulières sont aussi une source de révolutions. Les divisions qui éclatent entre les principaux citoyens s'étendent à l'état qui finit bientôt par y prendre part. Hestiée, Delphes, Mitylène, Epidamne, Phocée, nous en offrent la preuve par leurs tragiques dissensions.

Ceux qui ont acquis à leur patrie quelque puissance nouvelle, deviennent aussi pour l'état une cause de révolution : ou l'on s'insurge contre eux par jalousie de leur gloire, ou eux-mêmes, enorgueillis de leur succès, cherchent à détruire l'égalité.

L'absence d'une classe moyenne ou sa faiblesse amène aussi les révolutions.

Dans la démocratie, les révolutions naissent, avant tout, de la turbulence des démagogues. Je passe sur les exemples historiques. La concentration des pouvoirs dans une seule main provoque aussi les bouleversements.

Dans les oligarchies, l'oppression des classes inférieures, ou l'ambition démesurée d'un oligarque, amènent les changements. Les excès des oligarques, qui par leur inconduite dilapident leur fortune, la nécessité où ils se trouvent d'employer des troupes mercenaires, ou de confier le commandement de l'armée à un chef qui n'a pas épousé leurs intérêts, leurs divisions entre eux, des mariages, des procès, voilà pour eux des causes de révolution.

Dans les aristocraties, la révolution peut venir d'abord de ce que les fonctions publiques sont le partage d'une minorité trop restreinte, car l'aristocratie est aussi une sorte d'oligarchie. La misère extrême des uns, l'opulence excessive des autres, conséquence assez ordinaire de la guerre, sont encore des causes de bouleversements. Ajoutez-y l'infraction même du droit politique, tel que le reconnaît la constitution. Voilà pourquoi les formes démocratiques sont les plus solides de toutes, parce que c'est la majorité qui domine, et parce que l'égalité dont on y jouit fait chérir la constitution qui la donne. Le plus souvent, dans les aristocraties, les révolutions s'accomplissent d'une manière insensible et par les causes les plus minces. On néglige d'abord un point de la constitution sans importance, puis on arrive avec moins de peine à en changer un plus grave, jusqu'à ce qu'enfin on en vienne à changer le principe tout entier.

Enfin, les états sont exposés aux révolutions quand ils ont à leurs portes un état constitué sur un principe opposé au leur, ou bien quand cet ennemi, tout éloigné qu'il est, possède une grande puissance. Voyez la lutte de Sparte et d'Athènes. Partout les Athéniens renversaient les oligarchies, les Lacédémoniens les constitutions démocratiques.

Maintenant quels sont les (*) moyens de conservation ? La connaissance des causes qui ruinent les états, implique la connaissance des causes qui les conservent. Il faut d'abord ne pas déroger à la loi ; l'illégalité mine sourdement l'état. En second lieu, il ne faut pas se fier à ces ruses politiques qu'on emploie contre le peuple, et que l'expérience condamne si hautement. La courte durée des fonctions est aussi un moyen de prévenir, dans les aristocraties et les oligarchies, la domination des minorités violentes. Un puissant moyen de conservation politique est encore dans la mobilité du cens, qu'il faut élever proportionnellement au niveau de la richesse publique, si elle est accrue, ou, en cas de diminution, réduire dans une mesure égale. Il faut aussi empêcher qu'aucune supériorité monstrueuse ne s'élève dans l'état. Une magistrature doit être chargée de veiller sur ceux dont la vie est peu d'accord avec la constitution, dans la démocratie avec le principe démocratique, dans l'oligarchie avec le principe oligarchique [17]. Il faut aussi que les fonctions publiques n'enrichissent jamais ceux qui les occupent, car les citoyens s'indignent de penser que les magistrats volent les deniers publics, et ils ont alors deux motifs de se plaindre, puisqu'ils sont à la fois privés du pouvoir et du profit qu'il procure. Dans les démocraties, il ne faut pas permettre aux riches de faire de grandes dépenses pour le peuple ; c'est le contraire dans les oligarchies.

On doit travailler à rendre la partie des citoyens qui veut le maintien de la constitution plus forte que celle qui en veut la chute. Il faut, en outre, observer la modération et la mesure en toutes choses. Bien des institutions en apparence oligarchiques ou démocratiques sont précisément celles qui ruinent l'oligarchie et la démocratie. On croit avoir trouvé le principe unique de la vérité politique, et on le pousse aveuglément à l'excès. Cette exagération déprave la constitution et finit par l'anéantir. On doit, dans les démocraties, s'occuper de l'intérêt des riches, et, dans les oligarchies, de l'intérêt du peuple.

L'éducation revient ici avec toute son importance. Si un seul citoyen est sans discipline, c'est que l'état lui-même n'en a pas.

Quelles sont, dans les états monarchiques, les causes de révolution et de ruine, de stabilité et de salut ? La royauté et la tyrannie sont séparées par de grandes différences. La royauté est créée par les hautes classes, qu'elle doit défendre contre le peuple, et le tyran est créé par la masse contre les citoyens puissants, dont il doit repousser l'oppression. Le but du tyran, c'est la jouissance ; le but du roi, la vertu. La tyrannie est pleine d'avidité, de défiance et d'envie. Les monarchies portent en elles les mêmes causes de révolution que les républiques. Les passions, la peur, le mépris qu'inspire le maître, comme Sardanapale, qui fut tué parce qu'il portait une quenouille ; l'amour de la gloire, comme chez Dion ; les agressions d'un état qui est régi par un principe contraire, voilà, pour les tyrannies, des causes de révolution. La royauté n'a pas à redouter les dangers du dehors, et c'est ce qui en garantit la durée. Mais elle a deux dangers intérieurs, la trahison et la tendance au despotisme. Il faut ajouter aussi une cause de ruine toute spéciale ; la plupart des rois par héritage deviennent bien vite méprisables, et on ne leur pardonne pas leur excès de pouvoir. La royauté ne peut se maintenir que par la modération. Voilà qui explique sa durée si longue chez les Molosses. A Sparte, ses limites et son partage entre deux personnes la conservèrent longtemps.

La tyrannie a des moyens détestables pour durer. Elle emploie tour à tour l'espionnage, les discordes, la calomnie, les lourds travaux dont elle écrase le peuple, comme les pyramides d'Égypte, les monuments sacrés des Cypselides, le temple de Jupiter Olympien par les Pisistratides et les ouvrages de Polycrate à Samos. La guerre est aussi un moyen d'occuper l'activité des sujets, et leur impose le besoin constant d'un chef militaire. La défiance des citoyens entre eux, leur affaiblissement, leur dégradation, voilà la politique de la tyrannie.

Le tyran peut, pour affermir son pouvoir, s'attacher à se conduire comme un véritable roi. Cette hypocrisie peut le faire durer. Qu'il embellisse la ville, comme s'il en était l'inspecteur, et non le maître ; qu'il affiche une piété exemplaire ; qu'il porte une justice extrême dans la distribution des récompenses ; qu'il évite d'allumer de graves ressentiments ; qu'il recherche dans toute sa conduite la modération ; qu'il se montre enfin complètement vertueux, ou du moins vertueux à demi, et qu'il ne se montre jamais vicieux, ou du moins jamais autant qu'on peut l'être. La plus longue des tyrannies fut celle d'Orthagoras et de ses descendants à Sycione ; elle dura cent ans. Vient en second lieu celle des Cypselides à Corinthe ; elle dura soixante-treize ans et six mois ; puis celle des Pisistratides à Athènes, mais elle eut des intervalles. Il faut mentionner, enfin, les tyrannies d'Hiéron et de Gelon à Syracuse.

Comment, après cette magnifique théorie des révolutions, Aristote aurait-il pu se refuser au plaisir d'accabler Platon de sa supériorité ? Il oppose, au grand tableau politique qu'il vient de présenter, la stérile obscurité du système des nombres, qui est pour Platon la clé des révolutions, et il semble se plaire à faire de la faiblesse de son rival le couronnement de son œuvre.

Au reste, l'orgueil pouvait être permis à Aristote quand son stylet eut tracé les derniers mots de la *Politique*. Il s'était élevé, par la pensée, au sommet des choses humaines et de l'histoire connue jusqu'à lui ; il avait fait passer sous ses yeux les institutions et les hommes qui avaient acquis quelque notoriété depuis l'établissement des sociétés. Le monde moral lui était familier, comme le monde naturel, et il avait mis les trésors de son génie sous la garde d'une incorruptible justice. Aristote ne dépend de personne, ni du peuple d'Athènes, ni du roi de Macédoine. Il n'est, à vrai dire, dans les liens politiques ni de la démocratie, ni de la monarchie. Sa naissance, les circonstances de sa vie, l'ont affranchi le plus possible de tout engagement et de tout préjugé. Il a noblement usé de cette liberté précieuse ; il a dit la vérité à tout le monde, aux peuples comme aux rois, et n'a pas plus épargné le tyran que le démagogue. Il n'a pas flatté la multitude ; mais il a mis en lumière les avantages et les droits de la démocratie. Il est juste envers la royauté, comme envers la supériorité du génie, et en même temps il reconnaît le bon sens populaire. Quels désirs, quelles passions pourraient ternir l'intégrité de ses jugements ? Il est heureux par la pensée, qu'il reconnaît seule pour maîtresse, pour guide, pour divinité. Il vit dans la vérité des choses, il écrit sous la loi de sa raison, et il ne s'informe pas si Athènes le trouve trop monarchique et le Macédonien trop démocrate.

Avec cette inaltérable probité dans la force et le talent, on bâtit pour l'éternité. Le livre d'Aristote est actuel encore aujourd'hui, et on peut en partager les fragments aux nations modernes pour leur servir de leçons vivantes. Aristote, qui, dans sa *Politique* même, a fait la distinction de la raison pratique et de la raison spéculative, est pratique par excellence, parce qu'il est théorique avec supériorité. Il est réel, il est impartial ; il écrit pour tous. Il n'a pas les entêtements aristocratiques de Platon ; il n'a pas dit : *Dieu verse l'or, non point tantôt dans l'âme des uns, tantôt dans l'âme des autres, mais toujours dans les mêmes âmes.* Non, il croit à la puissance de l'intelligence répandue par l'éducation dans tous les esprits et dans toutes les classes, et nous pouvons convier à sa lecture riches et pauvres, faibles et puissants, peuples et rois.

En l'étudiant, nous nous demandions pourquoi un si grand livre ne serait pas répandu dans les rangs populaires. On a dit que l'avenir était incorruptible ; la sagesse du passé n'a pas moins d'intégrité. En lisant les conseils parfois sévères des sages et des politiques de la Grèce et de Rome, le peuple élèverait son âme et mûrirait sa raison. A notre sens, il serait possible de rédiger un *Aristote populaire*, où les observations et les théories du penseur seraient mises dans un ordre simple et clair, et dégagées de ce que le raisonnement grec a parfois d'un peu subtil et d'un peu sophistique. On pourrait agir de même avec d'autres hommes des temps antiques, avec Tacite, avec Sénèque. De cette façon, le génie de tous les temps servirait de nourriture à tous les hommes. Sans doute, ou ne saurait accorder trop d'estime aux écrivains consciencieux et modestes qui, appliquent leurs efforts à l'instruction du peuple ; mais pourquoi ne pas leur donner pour associés les grands hommes de l'antiquité ? Au théâtre, dans nos musées, nous convions le peuple à l'admiration de Shakespeare, de Corneille, de Vélasquez et de Michel-Ange ; pourquoi donc ne pas lui composer une bibliothèque avec Hérodote, Homère, Aristote, Cicéron, Tacite, Plutarque, Sénèque et Marc-Aurèle ? Là, que de conseils pour former son bon sens ! que de plaisirs pour son imagination ! que de provocations pour éveiller son génie !

Alexandre écrivit un jour à Aristote : « Je n'approuve pas que vous ayez donné au public vos livres des sciences acroamatiques. En quoi serons-nous donc supérieurs au reste des hommes, si les sciences que vous m'avez apprises deviennent communes à tout le monde ? J'aimerais encore mieux les surpasser en connaissances

Eugène Lerminier

sur les objets les plus élevés qu'en puissance. » Cet égoïsme n'est-il pas le plus magnifique éloge de la science ? Mais si le fils de Jupiter désirait garder pour lui seul les grands travaux de l'esprit humain, tout au contraire, aujourd'hui l'humanité veut en partager à tous la connaissance, parce qu'elle pense, avec Aristote, que le bonheur est toujours en proportion de la vertu, de l'intelligence, de la soumission à leurs lois. Et le philosophe citait, comme témoin de la vérité de cette parole, Dieu lui-même, dont la félicité ne dépend pas de biens extérieurs, mais de l'essence même de sa nature [18].

NOTES

1.	Traduction de M. Barthelémy Saint-Hilaire, imprimée par l'imprimerie royale. Chez Treuttell et Wûrtz, rue de Lille, 17. La Politique forme la première livraison d'une traduction complète des œuvres d'Aristote.

2.	Liv. III, chap. LXXXII et suiv.

3.	Diogène Laërce.

4.	Scurram Atticum. Cicer. De Nat. Deor., liv 1, cap XXXIV.

5.	Cicuta magnum Socratem fecit. Seneca, epist. XIII.

6.	Athenee, liv. VIII.

7.	Elien, liv. III, chap. XIX.

8.	C. Plinii. Hist. Nat., lib VIII, cap. XVII.

9.	Plutarque, Vie d'Alexandre, chap. LXXXVI.

10.	Elien, liv. III, chap XXXVI.

11.	Philosophie du droit, tom II, liv. IV. Les philosophes, chap. II. Aristote.

12.	Politique d'Aristote, liv. II, chap. IX, pag. 197.

13.	Elien, liv. III, chap. XVII.

14.	Politique, liv. Ier, pag. 59.

15.	ibid., liv. II, chap. V, pag. 153, 453.

16.	Esprit des Lois, liv. XI, chap. VI.

17.	Idée de la censure romaine.

18.	Politique, liv. IV, chap. Ier, tom. II, pag. 9.

ISBN : 978-1976421174